AF312796

CATALOGUE

DE

TABLEAUX

DES DIFFÉRENTES ÉCOLES

DESSINS, GRAVURES

Dessins par H. Vernet

DONT LA VENTE AUX ENCHÈRES PUBLIQUES AURA LIEU

HOTEL DROUOT

SALLE N° 4

Les Mercredi 7 et Jeudi 8 Février 1866

A DEUX HEURES

Par le ministère de **M° ESCRIBE**, Commissaire-Priseur,
rue Saint-Honoré, 217,

Assisté de **M. HORSIN DÉON**, Peintre, rue Chabanais, 1,

CHEZ LESQUELS SE DISTRIBUE CE CATALOGUE

EXPOSITION PUBLIQUE

Le Mardi 6 Février 1866, de une heure à cinq heures.

PARIS

RENOU & MAULDE

IMPRIMEURS DE LA COMPAGNIE DES COMMISSAIRES-PRISEURS
Rue de Rivoli, 144.

1866

CATALOGUE

DE

TABLEAUX

DES DIFFÉRENTES ÉCOLES

DESSINS, GRAVURES

Dessins par H. Vernet

DONT LA VENTE AUX ENCHÈRES PUBLIQUES AURA LIEU

HOTEL DROUOT

SALLE N° 4

Les Mercredi 7 et Jeudi 8 Février 1866

A DEUX HEURES

Par le ministère de **M° ESCRIBE**, Commissaire-Priseur,
rue Saint-Honoré, 217,

Assisté de **M. HORSIN DÉON**, Peintre, rue Chabanais, 1,

CHEZ LESQUELS SE DISTRIBUE CE CATALOGUE

EXPOSITION PUBLIQUE

LE MARDI 6 Février 1866, de une heure à cinq heures.

PARIS — 1866

CONDITIONS DE LA VENTE

Elle sera faite au comptant.

Les Acquéreurs paieront, en sus du prix d'adjudication, CINQ CENTIMES par franc applicables aux frais.

DÉSIGNATION

DES

TABLEAUX

ÉCOLES ALLEMANDE, FLAMANDE & HOLLANDAISE

BACKUYSEN (Signé H. S.)

1 — Animaux au pâturage. Paysage.

BESCHEY (J. F.)

2 — La Faiseuse de crêpes.

Dans un intérieur rustique, une bonne femme, entourée de sa famille, fait des crêpes.

BLOEMEN (Van)

3 — Halte de chasseurs.

4 — Halte de cavaliers.

BOTH (D'après)

5 — Paysage.

DYCK (École de Van)

6 — Le Christ en croix et la Madeleine agenouillée à ses
pieds.

FLINCK (Govert)

7 — Saint François.

Le saint est assis devant une table chargée de vieux livres. Son attitude
est celle de la méditation. Divers accessoires complètent l'ensemble de la
composition.

GOREMAN (F.)

8 — Un Cerf.

HERMAN (D'après)

9 — Paysage.

JANSSENS (Abraham)

10 — Jeune Seigneur offrant un anneau à une dame.

KESSEL (Van)

11 — Raisin, fruits sur une table de pierre, perroquet,
écureuil.

KOBEL (Signé 1819, W. de)

12 — Paysage.

Au fond une ville, sur le premier plan une rivière ; une route, de jolis
arbres, un bateau et quelques personnages composent ce tableau.

13 — Paysage. (Pendant du précédent.)

KUYLEMBURG

14 — Nymphe au bain.

LEEUW (Van der)

15 — Paysage et animaux.

MICHAU

16 — Paysage avec figures.

MOUCHERON

17 — Paysage.

NESTCHER (Constantin)

18 — Portrait de femme.

Elle est jeune et richement parée.

JTTENHAMER (Attribué à)

19 — Diane découvrant la grossesse de Calisto.

RUBENS (Attribué à)

20 — Sainte Famille.

Un ange offre un panier de raisin à l'Enfant Jésus assis sur les genoux de sa mère. Saint Jean et saint Joseph complètent la composition.

21 — Achille à la cour de Lycomède. (Esquisse.)

RUYSDAEL (Jacques)

22 — Paysage.

TENIERS (Abraham)

23 — Paysage; effet de nuit.

WYNANTS (Attribué à)

24 — Paysage.

ZÉEMAN

25 — Mer houleuse.

ÉCOLE PRIMITIVE ALLEMANDE
(Daté 1585)

26 — Portrait de femme.

ÉCOLE ITALIENNE

BALASSI (Mario)

27 — Portrait de femme.

Elle est représentée sous les attributs de sainte Catherin

BASSAN

28 — L'Été.

CAMPI (Jules)

28 bis — Grand tableau de salle à manger.

CANO (Alonzo)

29 — Sainte Claire.

CARRACHE (Antoine)

30 — Paysage avec figures d'hommes au repos et d'autres en prière.

CARRACHE (Louis)

31 — Sainte Madeleine.

CIGNANI (Carlo)

32 — Nymphe endormie surprise par un Satyre.

Tableau d'une agréable composition et d'une bonne couleur.

COELLO (Sanchez)

33 — La Circoncision.

Composition importante de neuf figures provenant d'une chapelle à Lisbonne.

CORTONE (Pietre de)

34 — Naissance de la Vierge.

CASTELLI (Bernard)

35 — Sainte Famille.

FALCONE

36 — Combat de cavalerie.

GIORDANO (Luca)

37 — Enlèvement d'Europe.

GIROLAMO DE TRÉVISE

38 — La Circoncision.

GUASPRE POUSSIN

39 — Paysage montagneux, avec cascade.

GUIDE

40 — Lucrèce.

JULES ROMAIN (D'après)

41 — Ronde d'enfants.

LORENZO LOTTO

42 — Portrait d'homme.

PIAZETTA

43 — Eliézer et Rebecca.

RAPHAEL (JOACHIM)

44 — Portrait de femme tenant un enfant sur ses genoux.

POSADA (ANTONIO)

45 — Apparition de l'Enfant Jésus à un religieux.

STARNINA (GÉRARD)

46 — Sainte et saint.

VANNI DE SIENNE

47 — Sainte Famille.

VÉRONÈSE (ALEXANDRE)

48 — Portrait de femme sous les attributs de la Religion.

ZUCCHERI (FRÉDÉRIC)

49 — Sommeil de l'Enfant Jésus.

INCONNU

50 — Grotesques.

Peinture sur carton relevée d'or, du commencement du XVIe siècle.

ÉCOLE FRANÇAISE

BERTIN

51 — Paysage. Site d'Italie.

BOUCHER (D'après)

52 — Diane au bain.

CALLET

53 — Étude de femme. Tête d'expression.

CHAMPAGNE (Attribué à Philippe de)

54 — Portrait d'homme.

COGNIET (Attribué à Léon)

55 — Le Cellier. Étude d'intérieur.

COIGNET (Jules)

56 — Paysage montagneux. Soleil couchant.

57 — Paysage-marine. Soleil couchant.

58 — Vue des Falaises de Granville.

FRAGONARD (Attribué à)

59 — Paysage avec figures et animaux.

60 —   Id.   Son pendant.

GRENIER (Attribué à)

61 — Moine exhumant une religieuse.

GREUZE (Attribué à)

62 — Portrait du conventionnel Hérault de Séchelles.
(Gravé.)

HAMILTON

63 — Oiseaux.

JOLIMONT

64 — Paysage montagneux.

65 — Paysage avec cascade. (Son pendant)

LARGILLIÈRE (Genre de)

66 — Portrait de femme. (Buste.)

LECARON

67 — Tête de jeune Femme.

LE POITEVIN

68 — Vue prise à Versailles.

LEPRINCE

69 — Intérieur avec figure de jardinier.

MIGNARD

70 — Ariane abandonnée.

OUDRY (J. B.)

71 — Tableau de salle à manger.

RAOUX (Genre de)

72 — Sujet pastoral.

RÉMOND

73 — Deux études d'arbres faisant pendants.

REYNOLDS

74 — Gibier, fruits, poissons. Étude d'après Sneyders.

RIGAUD

75 — Portrait d'homme.

VESTIER

76 — Portrait de Mlle Olivier, de la Comédie-Française. Costume de sultane. (Buste.)

WATTEAU (Genre de)

77 — Concert champêtre.

INCONNU

78 — Vénus offrant à Achille les armes qu'elle a fait fabriquer par Vulcain.

DIVERS

79 — TENIERS (D'après). Buveurs.

80 — Paysage avec berger conduisant un troupeau.

81 — Deux petits portraits : Femme assise et buste d'homme.

82 — Trois portraits et une gouache.

83 — Deux tableaux de fruits.

84 — Quatre études de paysages et de chevaux.

85 — Moutons au repos.

86 — Sainte Famille.

87 — Quatre tableaux des écoles flamande et italienne.

88 — CARRACHE (Ecole de). Saint Jean.

89 — ECOLE ESPAGNOLE. Saint Jérôme.

90 — ECOLE FRANÇAISE. Animaux au pâturage.

91 — La Résistance inutile.

92 — ECOLE ITALIENNE. Fuite en Égypte.

93 — Paysage. Site d'Italie avec pêcheurs.

94 — LOCATELLI. Paysage.

95 — INCONNU. Halte de chasseurs.

96 — FELLY. Un paysage et une étude.

97 — ECOLE ITALIENNE. La Vierge et l'Enfant.

98 — LUCA GIORDANO (Genre de). Sybille.

99 — CASANOVA. Deux petits cavaliers faisant pendants.

100 — GUIDE (Ecole de). Tête de Vierge.

101 — JOHANNOT (Genre de). Portrait de femme du temps de François II.

102 — SEGLIO ORSI. Sainte Famille.

103 — DOMINIQUIN. Des Anges.

104 — BOILLY (Genre de). Portrait de jeune fille.

105 — FRANCISQUE. Paysage.

106 — VAN ARTOIS. Paysage.

107 — MIGNARD (Attribué à). Mlle de La Vallière.

108 — BILLECOQ. Intérieur rustique.

109 — DROLLING. Portrait de femme.

110 — RONMY. Un Paysagiste.

111 — SÉBASTIEN BOURDON (Attribué à). Portrait d'homme.

112 — FLAMAND EN ITALIE. Paysage.

113 — RAPHAEL (Ecole de). Sainte Famille.

114 — Mlle MAYER (Attribué à). La Musique.

115 — PAULIN GUÉRIN. Circé et Ulysse.

116 — DROLLING (Genre de). Le Marchand de marrons.

117 — FALCONE (Genre de). Champ de bataille.

118 — Ecole espagnole. Un Philosophe.

119 — Tête de Christ.

120 — Mort de saint Jérôme.

121 — Adoration des Mages.

122 — Paysage.

123 — Sous ce numéro, plusieurs tableaux non catalogués.

———

MINIATURES

123 bis — Tentation de saint Antoine.

123 ter — Portraits divers.

DESSINS

HORACE VERNET

124 — Les Pifferari. (Sépia.) (Signé en toutes lettres.)

Les têtes de ce beau dessin sont soigneusement étudiées; il a été donné par Vernet à notre client.

125 — Un Frère ignorantin.

Estompe et mine de plomb. (Signé.)

CARLE VERNET

126 — Femme italienne et son enfant.

Dessin aux trois crayons sur papier teinté.

127 — Un Cheval.

Crayon noir, papier teinté relevé de blanc.

JOSEPH VERNET

128 — Deux croquis d'hommes endormis.

Mine de plomb.

129 — Deux études, figures de matelots.

Plume et encre de Chine.

130 — Louis Moreau. Paysage, marine.

(Aquarelle.)

131 —   Id.   Paysage avec pont.

(Aquarelle.)

132 — Louis Moreau. Une Plage.

(Aquarelle.)

133 —   Id.   Paysage avec ruines.

(Gouache.)

134 — Boucher. Jeune Fille caressant une colombe.

(Papier teinté et aux trois crayons.)

135 —   Id.   Tête d'homme.

(Pierre d'Italie, crayon blanc, papier teinté.)

136 —   Id.   Femme et enfant.

(Crayon noir relevé de blanc, papier bleu.)

137 — Moreau jeune. Etude de femme.

(Crayon noir.)

138 —   Id.   L'Amour mendiant.

(Plume et sépia).

139 — Bellet. Paysage boisé.

140 —   Id.   Paysage montagneux.

(Estompe relevée de pastel.)

141 — Donabella. Paysage.

(Plume.)

142 — André del Sarte (Attribué à). Sainte Famille.

(Sanguine.)

143 — Van de Velde. Paysage-marine.

(Plume.)

144 — Fragonard. Jeune fille et jeune garçon.

(Sépia.)

145 — Poussin (N). Junon et Borée. (Plume et encre de Chine.)

146 — Van Balen. Figure allégorique. (Pierre d'Italie et sanguine.)

147 — Carle Maratte. Le Mariage de la Vierge. (Pierre d'Italie.)

148 — Guerchin. Croquis divers. (Sanguine.)

149 — Chatelet. Paysage. (Sépia.)

150 — Luca Giordano. Les Disciples d'Emmaüs. (Sanguine.)

151 — Caresme. Jeune femme à la promenade. (Aquarelle.)

152 — Id. Récréation champêtre. (Aquarelle.)

153 — Tintoret. Assomption de la Vierge. (Plume et Sépia.)

154 — Servandoni. Intérieur de palais. (Aquarelle.)

155 — Van Gueldre. Méléagre apportant la tête du sanglier de Callidon. (Plume, sépia relevé de blanc.)

156 — Rivals (A.). Bataille. (Plume.)
Au revers : Triomphe d Empereur romain. (Plume.)

157 — Falcone. Choc de cavalerie. (Plume et encre de Chine.)

158 — Breughel. Paysage : Vue de ville. (Plume et sépia.)

159 — Carrache. Paysage. (Plume et sépia.)

160 — Lesueur. Sujet inconnu. (Plume et bistre.)

161 — Michel Corneil. La Chananéenne. (Sanguine.)

162 — Goltzius Bellone. (Plume, papier teinté.)

163 — Vander Meulen. Bataille de Fontenoy. (Crayon et encre de Chine.)

164 — Napolitain (Ph.). Un Ouvrier ambulant. (Aux trois crayons, papier teinté.)

165 — École florentine. Descente de croix. (Plume et sépia.)

166 — Lechaucourtois. Intérieur de ville en Italie. (Sépia.)

167 — Véronèse (Paul). Baptême de Jésus. (Plume et encre de Chine.)

168 — Leclerc (Sébastien). Un Feu d'artifice.

169 — Id. Id. Intérieur de ville monumentale. (Plume et encre de Chine.)

170 — Berghem. Paysage. (Plume et sépia.)

171 — Greuze. Étude de petit Garçon.

172 — Id. Vieille Femme ; tête d'étude. (Sanguine.)

173 — Teniers (D.). Intérieur flamand. (Encre de Chine, crayon et plume.)

174 — Watelet. Paysage. (Aquarelle.)

175 — Hilaire (B.). Vue de la ville et du port de Câaffa. (Aquarelle capitale.)

176 — Lesueur. Le Père éternel. (Papier teinté, pierre d'Italie relevée de blanc.)

177 — DREUX (Alfred de). Paysan à cheval. (Mine de plomb.)

178 — MICHEL-ANGE (Attribué à). **Tombeau d'un Pape.** (Dessin à la plume.)

179 — OSTADE. Buveurs. (Plume et encre de Chine.)

180 — DELARUE. Triomphe de Bacchus et de Silène. — Amours sacrifiant au dieu Pan. (Plume et sépia.)

181 — HUBERT (Robert). Huit dessins : Paysages et Monuments. (Sanguine.)

182 — JORDAENS. Tête de jeune Homme. **(Pierre d'Italie, sanguine et tons d'aquarelle.)**

183 — DUSART (C.). Tête de Flamand. (Sanguine et pierre d'Italie.)

184 — KAUFFMAN (A.). Tête de jeune Fille. (Sanguine.)

185 — NICOLLE. Vue de monuments à Rome. 2 p. (Sépia.)

186 — WILLE (le père) Paysage. (Sanguine.)

187 — LEPRINCE. Tête de jeune Fille.

188 —   Id.   Croquis d'Homme. (Sanguine.)

189 — CARTELLIER. Figures d'ornements. (Pierre d'Italie.)

190 — DELATOUR (Q.). Étude de mains. (Papier bleu, pierre d'Italie rehaussée de blanc.)

191 — LE GUIDE. David. (Sanguine.)

192 — ALLEGRAIN. Paysage et figures. (Aquarelle.)

193 — PARIZEAU. Vénus et l'Amour. (Crayon noir rehaussé de blanc, papier teinté.)

194 — D. DUPRÉ. Paysage-marine. (Encre de Chine.)

195 — N. POUSSIN. Paysage, statue, monument. (Plume et sépia.)

196 — VAN CLÈVE. Intérieur de ville monumentale. (Plume, encre de Chine, tons d'aquarelle.)

197 — EVERDINGEN. Paysage. (Plume, pierre d'Italie et sanguine.)

198 — VAN STRY. Allégorie. (Sanguine.)

199 — RUBENS (Attribué à). Tête d'homme. (Sanguine.)

200 — PYNAKER. Étude d'arbre. (Pierre d'Italie rehaussée de blanc.)

201 — CARRACHE. Une Académie. (Plume et sépia.)

202 — LUCA CAMBIASO. Samson et Dalila. (Plume.)

203 — MIGNARD. Portrait de femme. (Pierre d'Italie sur vélin.)

204 — PILLEMENT. Paysage et Figures. (Crayon noir.)

205 — SARAZIN. Paysage. (Aquarelle.)

   Id. Paysage-marine. (Plume et encre de Chine.)

206 — SÉB. LECLERC. Paysage. (Plume.)

207 — ÉCOLE ALLEMANDE. Halte de voyageurs bohêmes. (Beau dessin à la plume sur vélin.)

208 — ÉCOLE ALLEMANDE. **Jésus devant Pilate.** (Plume et sépia.)

209 — CARAVAGE. **Guerriers romains.** (Plume et sépia.)

210 — PROCACCINI. **Pyrame et Thisbé.** (Sanguine.)

211 — FRANCESCO D'URBIN. **Architecture.** (Plume et sépia.)

212 — Environ 400 Dessins non catalogués.

213 — 33 Photographies.

214 — Gravures des diverses Écoles.

215 — Gravures sous verre.

216 — Plusieurs Portefeuilles.

217 — Lithographies.

218 — Lots de Calques.

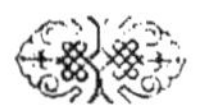

RENOU et MAULDE, imprimeurs de la Compagnie des Commissaires-Priseurs, rue de Rivoli, 144.   48944

www.ingramcontent.com/pod-product-compliance
Ingram Content Group UK Ltd.
Pitfield, Milton Keynes, MK11 3LW, UK
UKHW031719170726
13836UKWH00001B/349